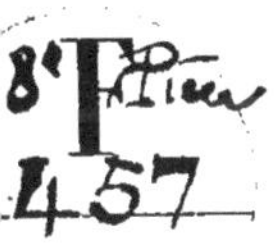

UNE BANQUEROUTE LÉGISLATIVE

OU

LA QUESTION FÉMININE

ET LE CODE

PARIS
IMPRIMERIE C. MOTTEROZ
31, RUE DU DRAGON, 31

1879

UNE BANQUEROUTE LÉGISLATIVE

OU

LA QUESTION FÉMININE

ET LE CODE

PARIS
IMPRIMERIE C. MOTTEROZ
31, RUE DU DRAGON, 31

1879

UNE BANQUEROUTE LÉGISLATIVE

OU

LA QUESTION FÉMININE ET LE CODE

I

L'ordre du jour est aux *questions de femmes :* il y en a beaucoup ; trois ou quatre, sans compter les secondaires, seront soumises aux Chambres incessamment, les unes seulement proposées, les autres déjà honorées d'un rapport.

Nous appelons de ce nom les questions qui ne se comprendraient pas étant donné un sexe unique, c'est-à-dire celles où l'homme et la femme jouent chacun un rôle respectif et se trouvent, sinon en conflit, du moins dans une sphère à part, de telle sorte qu'il est impossible de les traiter comme les parties homogènes d'un même tout.

Ces questions, tout le monde les a déjà nommées. Ce sont : la ***Recherche de la Paternité***, le ***Rétablissement des Tours***, le ***Divorce***, la ***Prostitution légale***, etc., etc. Puisque l'attention de la société est tournée vers cet objet, nous n'avons pas besoin de battre le rappel et de faire une réclame superflue. Nous entrons immédiatement dans l'étude de l'une d'entre elles. Le point de vue auquel nous l'envisagerons nous dispensera d'entrer dans le détail des autres, qui ne nous paraîtront plus que l'objet d'une curiosité platonique, étant donné l'état actuel des choses. Qu'on se rassure donc : nous ne faisons pas un cours de droit, ni plusieurs cours de droit ; et nous convions toute personne qui n'a pas eu le temps de toujours feuilleter le *Journal officiel*, mais qui pourrait l'avoir fait, à le faire de concert avec nous.

C'est la *Recherche de la paternité*, si vous voulez bien, prohibée par notre Code en dehors du cas d'enlèvement, et qu'on nous propose de rendre possible en dehors de ce cas, que nous allons envisager. Et c'est le *Journal officiel* du 5 mai 1878 que nous allons déplier devant vous.

Comme on le sait, ou comme on le devine, la question des enfants naturels, c'est-à-dire nés hors mariage, a préoccupé et dû préoccuper le législateur ; car il n'est pas en général de position plus misérable que la leur, en dépit des *Fourchambault* de M. Émile Augier, et pas d'intérêt pour la société supérieur à celui d'en diminuer le nombre.

En 1804 donc (on nous saura gré de ne pas remonter plus haut) on se demanda quel moyen on avait d'arriver à ce but, et l'on n'en vit pas de meilleur que de prohiber de la part de la mère ou de l'enfant toute inquisition sur le fait qui avait engrossé l'une et engendré l'autre, que d'empêcher tout procès en un mot pour trouver le père.

Voici la raison qui, sans aucun doute, emporta alors la décision des rédacteurs du Code : nous la présentons sous la forme que lui donnait le tribun Lahary, engagé dans la préparation de la loi ; mais nous le répétons, le nœud du débat est bien celui que nous lui assignons, et l'opinion du tribun susnommé est bien le fond du fameux article 340 : « Combien » les femmes deviendront plus réservées, disait-il, lorsqu'elles » sauront qu'en se livrant à un homme en dehors du mariage, » elles seraient exposées à avoir seules le fardeau de l'enfant... » Combien une pareille loi aurait puissamment influé sur nos » mœurs, il y a un demi-siècle ! Mais quoique tardive, elle » n'en opérera pas moins les heureux résultats qu'on doit en » attendre, puisque l'effet des bonnes lois est d'amener insen- » siblement les bonnes mœurs. »

Nous ne discutons pas, nous ne discuterons en aucune façon l'assertion ci-dessus, qui fut d'un si grand poids et d'une si grande importance dans l'économie de nos articles sur la filiation, — et on verra pourquoi : qu'elle soit ou non fondée philosophiquement, expérimentalement, c'est ce que nous nous abstenons d'envisager, quelque singulière que doive paraître notre indifférence critique.

Nous nous reportons purement et simplement à soixante-quatorze ans plus loin, et nous voyons que notre article 340, inspiré par l'idée que l'on connaît, est battu en brèche de toutes parts. Battu en brèche par un projet de loi qui tend à l'abroger ? Ce ne serait pas grand'chose, et l'antithèse ne vaudrait pas la peine d'être relevée : quelle est la matière, en effet, sur laquelle plusieurs opinions ne se soient pas fait jour et l'axiome qui n'ait pas été contesté ?

Ce n'est donc pas le projet de loi en lui-même, bien qu'émanant de sénateurs pris dans les partis politiques les plus divers, — ce qui atteste déjà une anormale unanimité, — ce n'est donc pas, disons-nous, le projet de loi en lui-même que nous retenons du *Journal officiel* du 5 mai dernier, mais bien ses motifs et avec cela l'histoire du mouvement qui s'est fait dans les esprits sur cette question.

Voici où nous en sommes, après soixante-dix ans d'expérience : ce n'est plus le parti démocratique, le libéral ou le clérical qui s'élève contre le principe adopté, ce sont tous les partis ! Ce n'est pas une critique que l'article 340 a à subir, c'est une coalition des intelligences, les plus éloignées de s'entendre partout ailleurs, qui se dresse contre lui !

Or, de même que nous avons trouvé la base du principe de 1804, nous devons trouver la base du principe de 1878.

Une phrase encore va résumer la nouvelle doctrine, comme nous avons vu l'ancienne condensée dans l'affirmation du tribun Lahary et former pour ainsi dire le nouveau crédo qu'on oppose à l'ancien.

Issue d'une plume ecclésiastique cette fois, nos législateurs se l'approprient en la citant : « La loi actuelle, » dit le Père Toulemont, « semble agir d'une certaine manière sur le sexe » féminin pour le détourner de la tentation de se laisser sé- » duire. Mais en réalité elle ne fait que l'exposer davantage » à ce péril, parce qu'en assurant l'impunité de l'autre sexe, » elle l'invite en quelque sorte et le provoque à séduire. C'est- » à-dire qu'en présence de deux forces qui concourent très-iné- » galement à la séduction, la loi au lieu de comprimer la » plus puissante et la plus fougueuse, lui vient en aide et » lui communique une impulsion nouvelle. »

Tel est l'état actuel de la question. Comme on a pu s'en apercevoir, ce n'est pas une transaction qu'on propose, un correctif à un état de choses qui a régi plusieurs générations : c'est la négation la plus absolue en présence de l'affirmation la moins mitigée, c'est une volte-face complète, c'est un démenti qu'on propose au législateur, et, pour être dans le vrai, qu'on lui impose ! Car il est trop évident que le projet de loi n'est pas l'œuvre d'une fantaisie individuelle ou collective, ou le résultat d'une initiative hasardeuse, non ! C'est le cri de la conscience sociale en présence de résultats qui lui répugnent et auxquels elle n'admet d'autre tempérament qu'une révolution.

Qu'on veuille bien croire que nous n'affirmons rien pour le besoin d'une thèse, et que nous n'exagérons pas à plaisir la scission éclatante — nous dirions presque inouïe — qui s'est faite entre les fils et les pères sur un point capital. Nous prions ceux qui douteraient, de lire la liste des publicistes donnée par les auteurs du projet de loi, lesquels sont partisans de la réforme. Nous doutons qu'il y en ait jamais eu de plus panachée et de plus complète : c'est parce qu'elle est hétérogène, qu'elle serait à elle seule convaincante.

Mais nous ne nous bornons pas là pour faire notre démonstration : nous admettons que tous ces publicistes soient des *idéologues;* nous allons, pour ceux à qui le mot de Napoléon est cher, employer d'autres arguments, toujours en nous contentant d'ouvrir les yeux au document sur lequel nous épiloguons et dont nous avons promis de ne pas sortir.

Et c'est la *jurisprudence* que nous invoquons maintenant pour prouver la volte-face, à côté de la *doctrine,* comme on dit à l'école ou au barreau ; ce sont les hommes mêlés par profession à la vie de chaque jour, dont ils ont à règler les rapports et à diminuer les froissements ; non plus ceux qu'une logique intempestive ou une imagination déréglée pourrait entraîner.

— Comment cela, direz-vous, si vous êtes tant soit peu au courant du principe de la séparation des pouvoirs législatif et judiciaire, comment voulez-vous invoquer contre une loi ceux qui n'ont charge que de l'appliquer, et jeter dans le débat ceux qui ont pour devoir de n'avoir pas d'opinion, de juger en fait et de s'incliner devant le droit? Pour que la justice, organe de la loi, ajouterez-vous, pût être invoquée, il faudrait non seulement que ses membres vissent avec défaveur la loi dont ils sont les interprètes, mais encore qu'ils eussent assez l'enthousiasme de leur opinion et l'irrévérence du texte pour faire prévaloir celle-ci sur celui-là. Et cette fois, conclurez-vous, ce n'est plus l'esprit stationnaire ou de conservation de la magistrature que nous invoquons, ce sont toutes les traditions, c'est son devoir le plus élémentaire et le plus strict....

Sommé de répondre à cette objection qui aurait pour nous la plus grande force en toute autre matière, nous y répondrons en ces termes :

Oui ! les juges ont violé la loi. Ils l'ont violée en admettant des demandes d'aliments intentées par des filles mères contre des individus auxquels ne les unissait aucun lien légal, parce que c'était au père évidemment que s'adressait alors la femme, et que le succès de sa demande supposait résolue contre le défendeur une question qu'il n'était même pas permis de poser de par la loi, à savoir, *qui est l'homme dont les relations ont produit l'enfant au nom duquel on se présente.*

Nous ne sommes pas ici devant un tribunal pour tâcher d'embrouiller la question la plus claire, ou pour nous attarder à démontrer l'évidence. Une femme qui intente un procès, en se fondant sur l'obligation alimentaire des parents, résout une question de paternité ; et il serait dérisoire de dire qu'elle ne va pas à l'encontre de l'article 340 en se présentant avec un enfant sur les bras.

Laissons donc aux recueils composés pour les avocats le soin de concilier l'eau et le feu en soutenant le pour et le contre. Au surplus le document dont nous nous servons, comme on peut s'en assurer, le reconnaît lui-même, et voit dans ces actions une déviation de la saine doctrine juridique. Que disons-nous ? Il cite les auteurs de droit qui, se mettant au service des femmes séduites, leur apprennent le moyen de triompher en dépit de Thémis, au moyen d'un jeu de mots : « On peut, soit comme le conseille M. Morelot, ancien doyen » de la faculté de droit de Dijon, déclarer en droit que l'action » en réparation du préjudice causé par la naissance d'un en- » fant est différente de celle en recherche de la paternité ; soit » plus simplement, comme l'indique M. Marcadé, recourir à » une simple habileté de rédaction, ADMETTRE LES CHOSES EN » ÉCARTANT LES MOTS, *et attribuer consciencieusement à la » victime toute la réparation qui peut lui être due, mais ne » rien écrire dans les pièces de la procédure et surtout dans le » jugement qui contienne une attribution de paternité, l'ar- » ticle 340 ne le permettant pas.* »

Est-il assez clair, par cette citation, que chacun reconnaît dans la nouvelle jurisprudence comme une nouvelle loi, puisqu'elle ne peut s'appliquer qu'en faisant violence à l'ancienne ?

De toutes ces habiletés de jurisconsultes, que nous nous abstenons de qualifier au point de vue scientifique, de toutes ces innovations de magistrats, nous ne voulons retenir qu'une chose, l'esprit qui les a inspirées. L'éloge que vous avez fait du pouvoir judiciaire, dirons-nous à nos contradicteurs, est un appui de plus pour notre thèse. Moins leur est commune la hardiesse des novateurs, plus il reste démontré que leurs arrêts sont comme l'expression d'un point de vue incontesté et passé dans les mœurs. Plus ils sont respectueux ordinairement de la loi, plus il faut qu'ils aient été invinciblement amenés à en perdre l'esprit... Et que prétendions-nous tout à l'heure, sinon que la réforme proposée était déjà plus qu'à moitié accomplie ?

De telle sorte qu'en résumé l'œuvre législative se réduit à ces deux mots et fait cette double réponse à une même question.

De quelle façon éviter la naissance des enfants naturels?

C'est, en 1804, *de prohiber la recherche de la paternité, ou de rendre irresponsable un des auteurs de la procréation.*

C'est, en 1878, *d'admettre cette recherche et la responsabilité de cet auteur.*

Cela pourrait nous suffire pour renvoyer dos à dos les auteurs actuels et anciens de nos lois, en bonne logique. Mais les considérants du projet de loi, se rendant compte aussi de l'étrangeté de la palinodie, semblent vouloir la pallier en insinuant que le problème a changé depuis la rédaction du Code civil, et que la difficulté n'est plus aujourd'hui ce qu'elle était hier, ce qui ferait tomber tout reproche de contradiction.

Le problème a-t-il donc changé ? C'est la dernière chose qu'il nous reste à voir.

Nous défions qu'on nous montre quelque chose de pareil. Pour que les éléments du problème eussent changé il faudrait que l'homme ou la femme eussent changé de nature. Pour que le principe de corruption que nous avons vu invoquer de part et d'autre se fût déplacé, il faudrait que la dépravation des mœurs, — si dépravation il y a, n'eût pas suivi dans les deux sexes une ligne parallèle, et la nature des choses ne démontre-t-elle pas l'impossibilité de cette hypothèse ? Dira-t-on que les circonstances ambiantes doivent être comprises parmi les éléments du problème, telles que l'agglomération industrielle, la perte des croyances, etc. ? Mais aucune n'a la force de changer la question, qui se réduit toujours, remarquons-le, en dernière analyse, dans le rôle respectif que joue chacun des deux sexes, abstraction faite du degré plus ou moins élevé d'immoralité. Sur ce point il est trop clair que les prétendues modifications essentielles de notre état social invoquées par le document sont sans aucune espèce d'influence : l'agglomération, la perte des croyances, encore une fois, ne sont que les éléments d'une question subsidiaire ; elles peuvent bien faire que les mœurs dégénèrent, mais elles n'ouvrent aucune lumière sur le point de savoir par suite de quel facteur plutôt que de tel autre les unions illicites deviennent plus nombreuses, et par là plus nombreux les enfants naturels. Or c'est à cela précisément que s'attache le législateur en 1878, comme en 1804, ainsi qu'on a pu le reconnaître au cours de ces pages.

Qu'est-ce à dire ? qu'il a vu noir et blanc tout ensemble, en répondant tout ensemble oui et non à l'interrogation posée dans des termes identiques ?

Laissons au lecteur le soin de conclure.

II

Ce que nous n'avions pas fait à la page précédente, une lettre reçue quelques jours après d'un affreux bas-bleu le fit à notre place. Nous livrons cette lettre au public sans y rien changer.

Nous avons, avec le droit d'écrire, celui de ne pas nous nommer : j'en demande autant pour ma correspondante pendant cinq minutes. Notre galanterie ira-t-elle jusque-là ?

Monsieur,

Vous n'ignorez pas, vous qui par profession vous occupez de ces choses-là, qu'il a paru au *Journal officiel* il y a quelque temps, un projet de loi signé de plusieurs sénateurs pour modifier un article de votre Code (*sic*) qui interdit la recherche de la paternité, en dehors du cas où elle se trouve consignée par anticipation devant M. le maire procédant au mariage. Après des considérations philosophiques sur le dérèglement des mœurs, la conclusion est qu'il faut admettre comme cause de recherche de la paternité, outre le cas d'enlèvement admis par vos lois (toujours *sic*) le cas de viol et celui de séduction.

Le mot de *séduction* m'a fait rêver, parce que j'avais lu beaucoup de romans et que la séduction y était pour le moins autant de fois l'œuvre de la femme que celle de l'homme. L'épithète de séduisant, comme celle d'irrésistible, me semblait quasi l'apanage de mon sexe. Et il n'y avait pas à dire, la séduction qu'on visait ici était tout autre, puisque c'est la femme et non l'homme qu'on voulait protéger contre elle.

Cela posé, je ne me refusais pas à admettre le mot de séduction ; peu importait le mot, n'est-ce pas, si la chose qu'il signifie est claire et saute aux yeux de tous? Tout au moins avouerez-vous que, par suite de son amphibologie, une définition n'aurait pas été déplacée ; j'ai toujours aimé la précision et je pensais même que, si elle était bannie du reste de la littérature, elle devrait se retrouver dans les règles auxquelles nous devons obéir bon gré mal gré.

Jugez de mon étonnement quand je ne trouvai pas l'ombre de définition !

Et dut-il cesser, Monsieur, je vous le demande, quand un de vos confrères m'apprit que le mot de séduction — mon cauchemar pour l'instant — ne se trouvait nulle part, dans le recueil cependant volumineux de nos compilations législatives ?

Pour le coup, mon faible intellect se refusait absolument à comprendre non seulement le terme cabalistique, mais encore le procédé de ces messieurs qui en usaient avec tant de sans-gêne avec un des premiers principes de la *Logique* de Port-Royal, et, il me semble aussi, avec la patience du pauvre juge chargé d'interpréter un texte qu'il ne pénétrera guère.

J'admettais bien un néologisme légal ; mais un néologisme sans commentaire ! cela me dépassait, surtout quand le terme, à en juger par la littérature courante, avait si bon dos, qu'on lui faisait porter une si forte dose des péchés d'Israël.

Il m'était apparu comme un champ de bataille pour les

thèses les plus diverses, par son élasticité. Que serait-ce quand il se trouverait dans le Code, où toujours quelqu'un tire à dia quand le voisin pousse à hue pour le besoin de la cause?

Je me frappais le front pour expliquer tant de laconisme, et j'y voyais toute autre chose que de la profondeur, quand tout à coup, me rappelant le proverbe : « c'est aux fruits qu'on juge de l'arbre, » je me mis à penser à l'ouvrier en voyant le travail, et, devant une tirade sur la séduction, à me demander qui l'avait faite.

Alors (vous me croirez, Monsieur, si vous voulez), mais à cette pensée, la liste des signatures du projet — toute de noms d'hommes, ce qui n'avait rien de bien singulier, n'est-ce pas? — cette liste me fit partir d'un grand éclat de rire... et, avec cela, d'une double exclamation : « Suis-je bête! » et « sont-ils drôles! »

Qui est-ce qui parlait de séduction, Monsieur? Le sexe qui ne peut en parler que par ouï-dire, puisqu'il affirme n'en être pas la victime.

Que ce ne fût pas de la fatuité comme homme, je le veux bien : mais comme savant et comme législateur?

Je trouvai la prétention aussi forte que celle d'un aveugle voulant parler des couleurs; et le type du sénateur, docteur en séduction, me paraissait renouvelé de l'amiral suisse ou du cavalier plongeur à cheval... Puis je me rappelais involontairement Pierrot (sauf leur respect) se faisant faire la cour déguisé en Colombine.....

A part cela, j'étais fière d'avoir peut-être trouvé le pourquoi de mon embarras — qui n'était que l'embarras du législateur lui-même. Sa légèreté n'était probablement que de l'impuissance, car son impuissance s'expliquait d'elle-même, si sa légèreté ne s'expliquait pas.

Il serait singulier que pour expliquer cette malheureuse séduction, chose si complexe et si vague, il eût suffi de la saisir *objectivement*, comme ils disent en Allemagne ; et jamais on ne me fera croire que pour parler de ce fléau, puisque fléau il y a, c'eût été trop de la personne qui y est exposée.

Du reste, vous le dirai-je, j'avais lu jusqu'au bout tout l'exposé de motifs : Eh bien! n'étant pas du sexe fort,— je n'ai

Ni cet excès d'honneur, ni cette indignité,

je ne sais pas en quelle estime est tenue auprès de lui la fable de l'Ane et du petit Chien ; mais, franchement, je n'ai pas achevé ma lecture sans y songer un peu.

L'habitude n'y est pas encore, et viendra sans doute ; mais pour cette fois je me sentais froissée, autant pour l'amour-propre des hommes que pour notre propre coterie, de voir leur sans-gène et leur pesanteur de main à toucher à ce qu'ils connaissent si peu.

Je me disais déjà depuis quelque temps : Ne croirait-on pas, à les voir légiférer de-ci, de-là, à tort et à travers, que chacun de nos héros a revêtu dans un monde antérieur la dépouille féminine et vient seulement de la quitter, pour en parler si congrûment — d'elle et de ce qui l'anime ?

C'est là une idée qui me trottait par la tête, et avouez que si la métempsychose a dû paraître vraisemblable quelque part, c'est bien ici.

Quoi ! pensais-je en paperassant ces vénérables documents qu'on appelle projets de lois, rapports, exposé de motifs, etc., tous ces gens-là parlent de la femme et sur la femme avec un aplomb et une suffisance qui attestent qu'ils en connaissent tous les replis; ils ont marqué, en mettant les points sur les i, ce dont nous étions capables et incapables, ce que nous devions et ne devions pas vouloir, ce que nous pouvions et ne pouvions pas penser, et ils auraient fait tout cela par intuition, inspiration, science infuse !

Le dilemme se reproduisait toujours pour moi entre un prodige de présomption et un avatar — autre prodige... Or, devais-je être tentée de prendre le premier terme de l'alternative, élevée que j'étais à titre de femme dans la maxime *timor domini principium sapientiæ* (le commencement de la sagesse est la crainte du maître de la maison) ?

Une chose me détourna de mes rêveries (bien excusables chez une femme) et me ramena à la réalité : c'est l'embarras de nos maîtres à côté de leur suffisance ; ce sont leurs tâtonnements à côté de leur dogmatisme, ou leurs contradictions irrémédiables à côté de leur infaillibilité prétendue...

Ces éternelles questions, dont on pourrait dire, comme du soleil, *semper novus semper idem*, qui sont comme la quadrature du cercle pour nos législateurs, et qui s'appellent la question du divorce, des tours pour les enfants abandonnés, de la recherche de la paternité, — toutes à l'ordre du jour et qui menacent d'y rester longtemps, — ne sont-elles pas une preuve, par leur perpétuité même, qu'elles ont été mal posées ou posées à des juges incompétents, à un jury incomplet et mutilé ?

Tenez, Monsieur, pour ne vous parler que de la dernière de ces questions, et sans même m'arrêter sur l'inconstance de nos législateurs constatée par le projet de réforme et qui pourrait bien être de l'inconsistance avant tout, — où vit-on jamais pareille claudication dans le règlement des rapports sociaux que celle qui résulte du document officiel ? Je ne veux pas rappeler le proverbe *souvent femme varie* pour le modifier légèrement. Nous sommes payées pour connaître la valeur de ces proverbes où un sexe prétend stigmatiser l'autre ; nous avons été plus d'une fois victimes de ces condamnations sommaires avec deux rimes au bout, et avons assez de magnanimité pour ne pas les retourner contre ceux d'où elles venaient, en même temps qu'assez de sagesse pour ne pas retomber dans leurs errements... Mais toute malice à part (nous ne serions jamais à la taille des hommes qui ont la grandeur d'âme d'insulter et de railler leurs compagnes désarmées), que penser d'une organisation sociale où les juges, faits pour appliquer la loi, la tournent, avec ou sans gêne, selon leur tempérament et l'occasion, et jugent la loi elle-même avec le fait qui leur est soumis ?

C'est pourtant là ce que révèle l'exposé de motifs que vous aurez lu comme moi !

La recherche de la paternité interdite par le Code, aux termes bien formels de ce document est journellement permise par nos tribunaux.

Les promesses de mariage, qui sont déclarées nulles par la loi ou non reconnues par elle, ce qui revient au même d'après l'aveu de tous, sans un officier de l'état-civil dont la présence est absolument exigée, ces promesses sont reconnues parfaitement valables comme une promesse de vendre et d'acheter — puisqu'aussi bien elles entraînent de par nos magistrats une condamnation à des dommages-intérêts, seul résultat possible, m'a-t-on dit, d'une convention où la personne humaine est engagée.

Que vous dirais-je encore ? Leur pitié pour la femme est si grande (leur pitié pour la situation qu'ils lui ont faite), qu'après avoir admis législativement le crime d'avortement, ils absolvent celles qui s'en sont rendues coupables, donnant une entorse à la loi pour ne pas en donner une à l'humanité, ayant assez de conscience pour se déjuger, mais pas assez pour ne plus se mettre dans l'occasion d'avoir à le faire en abdiquant leur exorbitant et embarrassant monopole.

Voilà encore des choses que le document officiel avoue : il les avoue en triomphant, parce que cette hardiesse du jury, devant un avortement démontré, répondant *non* contre l'évidence des faits, et par protestation contre le Code pénal, est favorable à leur cause; mais s'ils y réfléchissaient, les signataires de ce document ne se hâteraient pas tant de triompher, en reconnaissant que la thèse agitée par eux est bien plus haute qu'elle ne paraît, et que cette thèse n'est pas autre chose qu'un réquisitoire en règle contre leur propre compétence, où chaque argument les blesse et au bas duquel l'apposition de leur signature est comme un suicide politique. — Qu'en pensez-vous?

...D'une situation qui n'est pas admissible, ces messieurs versent dans une situation qui ne l'est pas davantage. Ce qu'il y a d'étrange à dégager l'homme de toute responsabilité, et à rejeter sur la seule femme une faute commune aux deux, leur saute aux yeux, et ils le montrent avec une grande force de logique. Il en résulte que le père devra pouvoir être recherché. Mais devant qui cette recherche se fera-t-elle? C'est ce à quoi les auteurs du projet ne pensent même pas.

Et voilà ce qui rend leur réforme une des plus vaines qu'il y ait au monde. Le tribunal qui va rétablir l'équilibre entre l'homme et la femme est, par sa composition, impuissant à s'y maintenir lui-même, c'est-à-dire à garder l'impartialité, à moins qu'on ne suppose les juges d'une autre nature que ceux qui comparaissent ou qu'on poursuit devant eux... A ce propos, l'on m'a raconté quelque chose sur la façon dont les hommes mettent à exécution les lois qui les gêneraient dans leur omnipotence à l'égard des femmes, mais j'attends que vous me l'affirmiez pour le croire : il s'agit d'une pratique qui se serait introduite dans les Cours d'assises de renvoyer absous les maris qui ont tué leurs femmes surprises en flagrant délit d'adultère : non que la loi innocente cet acte du mari, mais les jurés sauvent le coupable par un détour, en répondant *non* à la question même de meurtre. Il y aurait à crier bien haut cela (1) aux oreilles de nos réformateurs qui n'oublient presque qu'une chose dans leur fantasmagorie : d'*allumer la lanterne* ou, en d'autres termes, qui croient avoir tout fait quand ils laissent l'ennemi dans la place.

Qu'il y ait eu ou non des exemples de pareilles décisions, il y a des choses qu'on ne démontre pas, n'est-il pas vrai, Monsieur ? et qui se sentent dès qu'on veut bien ne pas détourner la tête. Montrer ce qu'il y a de singulier, de paradoxal, à faire comparaître devant trois, cinq, sept ou douze hommes, un homme qui refuse de répondre à une femme, serait perdre du papier et abuser même des auteurs du projet de loi, gens très-bien intentionnés, mais seulement un peu distraits.

Votre servante pour le moment,

A. B.

(1) Il a été répondu que cette fantaisie de haut goût était en effet usitée.

III

La puissance maritale, cette institution qui rend aujourd'hui incapable des actes civils une personne qui en était capable hier, a été quelquefois combattue comme quelque chose de sérieux, de viable, et valant la peine d'être critiquée. On lui a fait l'honneur de la discuter dans sa nécessité ou dans sa légitimité.

Nous nous bornerons ici à la faire juger, en montrant ce qu'elle est devenue entre les mains de ses propres auteurs, et à quelle espèce de monstruosité l'épreuve du temps l'a réduite.

Nous entrons dans un des cercles de l'enfer oublié du Dante ; dans le grimoire juridique qui constitue ce qu'on appelle l'*organisation de la famille*. Nous voudrions l'éviter au lecteur. Mais qu'y faire? Ce n'est point notre faute si nous sommes forcés de nous y engager. Et notre action sera doublement méritoire, puisqu'elle tend à un but, réformer le chaos, dont nous allons essayer de débrouiller le fil.

Et d'abord, pour qu'on ne nous accuse pas de faire de l'héroïsme à bon marché et d'exagérer à dessein les difficultés d'une matière que nous voudrions supprimer, en jetant sur elle toutes sortes de préventions, rappelons seulement à ceux qui ont quelquefois ouvert un Code, qu'il n'est pas de sujet où les systèmes se donnent plus libre carrière à chaque pas, et peut-être pas un article qui ne soit un nid à discussions ou à procès; aux gens pratiques, nous rappellerons que le pont aux ânes du notariat est la rédaction d'un contrat de mariage, et la mine la plus riche à exploiter pour lui comme pour tous les hommes de loi, la liquidation d'une communauté après décès ou après séparation de corps; aux femmes enfin nous demanderons combien il en est qui savent sous quel régime matrimonial elles sont mariées, et s'il n'est pas vrai que leur répugnance à se renseigner, d'ailleurs générale, devient ici invincible, par la nature abstruse des combinaisons légales, et invincible alors qu'elle est le plus dangereuse et le plus incroyable, — de telle sorte qu'on ne sait ce qu'il faut admirer le plus, de l'indifférence de la femme pour ce qui la touche de si près, ou de la présomption de celle qui voudrait y voir clair...

La puissance maritale, examinée au point de vue de ses résultats sur la fortune de la femme (nous nous bornons là pour le moment), comporte comme compensation, d'après le langage classique, un système de garanties au profit de cette même femme, dépouillée le plus souvent de toute administration, dans le but de lui assurer autant que possible la conservation de son patrimoine contre les imprudences et les malversations du mari. On a créé un danger, il faut bien y parer. Vous me direz qu'il valait mieux ne pas le créer du tout, et je suis de votre avis : mais j'ai promis d'admettre ce mal comme nécessaire, et d'examiner comment on y avait remédié.

Je fais ici une démonstration par l'absurde : il en faut pour tous les goûts. Pour ceux qui s'obstinent à soutenir que l'inégalité de la femme dans le mariage n'est pas arbitraire, mais fondée en raison, ou qui l'érigent en dogme, nous montrerons qu'elle n'est pas *viable*, ce qui à un *non possumus* est une manière d'opposer aussi un *non possumus* tout aussi simple, tout aussi brutal, tout aussi catégorique que le premier.

Une hypothèque légale donc est donnée sur les biens du mari à la femme pour la sûreté des créances qu'elle aura contre lui par suite du dépouillement plus ou moins absolu qu'elle subit en sa faveur pendant leur union : hypothèque légale absolument nécessaire dans l'esprit des rédacteurs du Code, si bien qu'on viole dans ce but la règle de la publicité des hypothèques. Au moins ainsi la femme ne perdra-t-elle pécuniairement que quand il n'y aura plus rien, elle qui n'est devenue créancière que malgré elle pour ainsi dire, ou souvent sans avoir pu le prévoir. Donc garantie de droit, pas de formalité d'inscription comme pour les autres hypothèques, et il faut aller plus loin, garantie imprescriptible, par l'impossibilité légale d'y renoncer. La femme, en effet, n'est autorisée à consentir une simple *réduction* de son hypothèque qu'avant le mariage ; après, il faut pour arriver à ce résultat (tout autre est prohibé) des conditions rigoureuses et multipliées (assistance de parents, proportion déterminée entre la fortune du mari et la créance présumée de la femme, avis du conseil de famille, jugement du tribunal).

Comment donc se fait-il que des femmes se trouvent lésées et complètement ruinées alors que le mari a encore quelque chose, — là où il n'y a rien le roi lui-même perd ses droits ?

C'est ici qu'intervient la fameuse théorie de la *subrogation à l'hypothèque légale de la femme mariée*.... La loi ne défend que de renoncer au profit du mari, alors que celui-ci est seul présent; mais pas au profit d'un tiers, alors qu'un tiers intervient : la première hypothèse étant sans intérêt, la seconde au contraire intéressant la prospérité du ménage... Voilà ce qu'on a soutenu. A quoi il était facile de répondre : 1° Mais qu'y a-t-il besoin de défendre quand personne ne doit être tenté de rien faire, et que signifie l'interdiction d'une opération idéale? 2° Et quant au cas où on prétend qu'il y a intérêt du ménage à ce que la renonciation soit permise, qui prouve que cet intérêt soit suffisant aux yeux de la loi pour être pris en considération? Est-ce qu'au contraire la présomption de la loi n'est pas que l'intérêt supérieur ici, c'est la protection de la femme? et ne l'a-t-elle pas précisément déclaré en défendant toute renonciation, pour couper court aux supercheries et exploitations dont elle a voulu défendre la femme?

Autre échappatoire des jurisconsultes, qui battus sur le fond se rejettent sur les mots : La *renonciation,* disent-ils, est défendue, oui, mais non la cession ou la subrogation. — Raisonnement qui revient au précédent : ce que la loi défendait, encore une fois, dans le cas le moins dangereux, devait l'être dans le plus dangereux. Raisonnement qui aurait lieu de nous étonner de la part de tous autres que de ceux qui font un si bel usage de la dialectique (voir page 9).

Tel quel, il triompha cependant, car il s'appuyait sur l'intérêt général, qui est la libre circulation des biens, circulation exigeant leur affranchissement.

Du reste, battus en forme ici, les jurisconsultes pouvaient puiser ailleurs de véritables arguments, que leur fournissait la singulière situation de la femme incapable seulement en thèse générale en tant qu'elle fait brèche à l'autorité du mari, mais non dans tout autre cas, c'est-à-dire avec son autorisation ou son concours.

Ici cette demi-incapacité devenait grotesque. Le mari contre lequel on défendait si rigoureusement la femme allait la dépouiller du bienfait de cette incapacité précisément édictée en prévision de son influence. Il allait la rendre apte à contracter, à s'engager en présence d'un tiers, qui réclamant l'abandon de tout privilège sur les biens du mari, pour rendre stable l'acquisition qu'il tenait de lui, ne pouvait pas voir autre chose dans l'engagement de la femme que la renonciation tacite à son privilège. Et ainsi le mari en faveur duquel tout consentement bénévole, c'est-à-dire toute capacité de la femme était non avenue, allait, en autorisant cette femme à contracter, la restituer dans une incapacité que la considération de son influence avait fait anéantir. Chez lui, en deux mots, était le principe d'incapacité, il tirait de lui le principe contraire. Prestidigitation juridique qui fut admise sans peine, même par les adorateurs du *nemo dat quod non habet*.

Le mari poussait la bonté jusqu'à fournir à la femme des armes contre elle-même, cette arme dont la loi lui avait interdit l'exercice, de sorte que la femme, impuissante pour son profit, devenait puissante pour se nuire et apparaissait finalement comme un pantin à voix humaine dont l'homme tirait le fil.

Mais ce *pantin*, nous le répétons, était la création hybride de la loi; ce faisant l'homme la respectait, c'est indubitable, puisque, nous l'avons remarqué, la femme en général n'est pas absolument incapable. La preuve en est qu'elle l'est dans un certain régime, le dotal.

Ainsi des dispositions combinées de la loi, il devait sortir et il est sorti ceci : un système très-beau pour paralyser la femme, un système nul pour la protéger.

Nous parlons ailleurs de ce qu'a de peu clair, de peu déterminé, l'incapacité de la femme ; ici elle est inqualifiable. C'est le dernier degré de la déraison. Jamais système ne fut soumis à une pareille épreuve et n'aboutit à un si misérable résultat : la logomachie, la contradiction dans les termes mêmes.

Tel était le savant système de la loi, et la jurisprudence l'adopta — pas une fois, non, car nos remarques n'ont pas une valeur purement critique. C'est tout une jurisprudence, tout une pratique que nous signalons. Les recueils d'arrêts en sont pleins. On y discute quelle peut bien avoir été précisément l'intention de la femme dans tel et tel cas donné, alors qu'elle s'engage solidairement avec son mari en cas d'aliénation de sa part et celui-ci l'autorisant, bien entendu (ce qui ne lui coûte guère); on s'y demande comment il faut dans le détail interpréter son acte de dépouillement, selon qu'il est exprès ou tacite, selon qu'il résulte de sa position même dans le contrat passé par le mari ou des termes plus positifs qu'elle aura employés... Mais quant à la possibilité du dépouillement, n'ayez garde qu'on la mette en doute. Belles dissertations pour savoir si une renonciation telle-quelle est *désinvestitive* ou *investitive* (1), mais unanimité pour admettre qu'elle est effective et définitive. A tel point qu'en 1855 une loi vient sanctionner le tout, en prétendant y apporter un correctif, par la nécessité d'un acte notarié, — replâtrage puéril d'une institution en ruine...

Et encore si ce n'était que l'institution ! mais alors qu'il est constant que les femmes aussi, de l'aveu même des rédacteurs du Code, ont été ruinées par la loi de brumaire an VII, exigeant une inscription qui n'était jamais prise (2), que faut-il penser qu'il en est sous l'empire d'une loi qui rend l'hypothèque insignifiante par la faculté d'y renoncer et vicie la

(1) C'est-à-dire éteignant purement l'hypothèque ou bien en transférant le bénéfice au tiers.

(2) Voyez les travaux préparatoires du Code civil recueillis par Fenet, tome XV, page 243.

garantie dans son principe même? Qu'importe que l'hypothèque existe sans inscription au profit de la femme, si elle périt d'autre part? et n'est-ce pas une raillerie que cet affranchissement de l'inscription au profit de la femme, quand il s'y ajoute en perspective l'affranchissement des biens du mari? Celui-ci n'avait, sous le droit intermédiaire, qu'à l'empêcher d'aller au bureau du conservateur; il n'a, sous le Code Napoléon, qu'à la pousser chez le notaire. Les moyens de coërcition dont il dispose lui rendent les deux choses également aisées.

Nous nous sentons obligés d'invoquer des autorités pour que nos dernières affirmations ne paraissent pas exagérées, tant elles soulèvent le sens moral à défaut du sens juridique. Nous ne répugnons pas à le faire, dès qu'il ne s'agit que d'une question de statistique.

Voici ce que l'Université de droit de la première ville de France, consultée sur un projet de loi, répondait en 1850, — sans se douter peut-être que cette phrase mémorable était d'un révolutionnaire ou d'un *croque-lois*, car elle contient la satire la plus sanglante du Code :

« **L'HYPOTHÈQUE LÉGALE DE LA FEMME MARIÉE EST DEVENUE DANS LA PRATIQUE UNE VÉRITABLE ABSTRACTION.** »

La puissance maritale, ajouterons-nous en forme de conclusion, n'est pas une abstraction du tout — en tant du moins qu'elle paralyse la femme. Et que dire d'une institution ainsi proclamée boiteuse par les gens les plus instruits et les plus compétents, sinon qu'elle est bonne à mettre au rancart, et au plus vite?

Après un tel exemple, il semble qu'il n'y ait plus qu'à glaner dans le vaste champ de l'exégèse juridique. Nous avons montré que le système qui subalternisait la femme ne se tenait pas debout; que la pratique, fondée d'ailleurs sur d'inattaquables arguments, le faisait crouler de toutes parts. Il semble qu'un régime soit jugé péremptoirement par ce qu'il est devenu; et que la puissance maritale, déclarée bien haut connexe des garanties au profit de la femme, doive disparaître, celles-ci étant abandonnées, et passer dans le domaine des chimères, à moins de renoncer à toute logique et à toute bonne foi.

Qu'aurions-nous à répondre si la femme, se plaçant au point de vue même qui a inspiré le législateur de 1804, et invoquant le régime même qu'ils lui ont imposé, la charte, en d'autres termes, que son maître lui a donnée; qu'aurions-nous à répondre si la femme nous sommait d'être au moins conséquents et de ne pas faire comme certains souverains, qui ne reconnaissent de lois que celles qui les grandissent et jamais celles qui les gênent?

Que répondrions-nous surtout si la femme, enfin édifiée sur la valeur du système des garanties et des compensations, venait réclamer l'égalité absolue comme le seul moyen d'échapper à un despotisme sans frein et à une exploitation sans pudeur (1)?

Nous suffira-t-il de rééditer cette vieille rengaine de la femme-homme que nous avons vue traîner encore ces jours-ci dans un journal, comme si la femme ne pouvait conserver son

(1) C'est, en effet, au nom des nouveaux principes comme des anciens que la femme est sacrifiée. Au nom de la vieille idée biblique on la rend mineure; au nom des idées modernes sur la liberté des biens on la dépouille de ses garanties, en sorte que la civilisation se fait pour elle à rebours.

Nous nous réservons de démontrer plus amplement ce point de vue, en parlant ailleurs de *la femme devant l'instruction*, et de l'abîme qui se creuse de plus en plus entre les deux sexes par le développement exclusif ou hors de toute proportion de l'un d'entre eux — abîme inconnu aux races ignorantes et primitives.

sexe qu'en se mettant à la merci de l'autre sexe, et devait perdre tous ses charmes en cessant d'être un jouet?

..... Poursuivons cependant. On ne saurait trop dévoiler ce que peut produire une conception fausse, qu'elle soit hypocrite ou seulement maladroite, et, ne serait-ce que pour l'honneur de la loi française, il faut mettre à nu la large tache qu'y fait l'organisation de la famille, avant de la proposer à l'admiration de l'Europe.

Ce principe de l'incapacité de la femme, nous avons montré qu'il arrivait à faire s'entre-choquer les divers articles d'un même titre du Code, parce qu'il était arbitraire, ne reposait sur rien de réel, et que dès lors la réalité reprenait le dessus en maint endroit, en dépit qu'on en ait, pour protester contre la fiction et produire le chaos.

Montrons que ce même principe arrive à faire de la loi une énigme, par la même cause qui rend toute détermination scientifique impossible et toute entente illusoire.

Tantôt Janus avec deux visages, tantôt le sphinx, et ce sera complet.

Parmi la foule d'innombrables *jolies questions* que le titre du contrat de mariage offre aux étudiants de troisième année, prenons-en au hasard une ou deux, et si l'on n'avoue pas, après cet examen fait, qu'il y a de quoi discréditer un code et dégoûter toute intelligence droite, nous prions de brûler ce chapitre et le reste de l'ouvrage avec.

Le régime dotal nous servira d'abord, mais non exclusivement; parce qu'il est des jurisconsultes avancés ou hardis, même dans la doctrine officielle, qui font assez volontiers bon marché de ce régime et reportent toute leur prédilection sur le régime de communauté, qu'ils appellent son antipode parce qu'il réalise une certaine confusion des patrimoines, au lieu d'aboutir à leur séparation. On pourrait nous reprocher ainsi d'enfoncer des portes ouvertes en critiquant ce régime, que d'ailleurs la pratique rejette dans son principe dominant, l'inaliénabilité, et qui ne s'est fait qu'une place très-secondaire dans les articles du Code. Nous réserverons donc une partie de notre examen pour le régime officiel, légal, qui existe à défaut d'autres, et qu'on ne peut abandonner sans abandonner le Code lui-même dans son dernier retranchement. Toutefois, qu'on le sache bien, si nous venons montrer les défauts du régime dotal, — tâche monotone et facile après tant d'autres qui l'ont fait, si nous nous placions à leur point de vue — c'est en partant d'une autre idée que nos devanciers, celle qui domine toutes ces pages et qu'on n'a pas l'air de soupçonner ailleurs : c'est en partant du caractère inacceptable et antiscientifique de l'incapacité féminine. Procéder autrement, selon nous, c'est s'attacher aux vétilles et manquer le but.

Question d'école : « *Le régime dotal s'analyse-t-il en une incapacité de la personne ou en une indisponibilité des biens?* » Et pour dégager l'intérêt pratique sous cette formule un peu abstraite :

« Les obligations contractées par une femme dotale, antérieurement à son mariage, peuvent-elles s'exécuter sur les biens dotaux? »

S'il s'agit d'une incapacité personnelle et qui ne prend naissance naturellement que lors de l'adoption du régime, la réponse est que les biens dotaux pourront être saisis dans l'hypothèse en discussion. S'il s'agit d'une indisponibilité et dont la date ne peut être encore que l'adoption du régime, la réponse sera tout autre et les biens seront à l'abri.

On n'attend pas de nous que nous entrions dans le fouillis d'arguments qui constituent cette controverse juridique et qui n'ont sans doute jamais convaincu personne. Il est peut-être plus simple de montrer pourquoi on ne s'entend pas : c'est que, quelque solution qu'on adopte, cette solution étant condamnée à être irrationnelle, laisse prise à la critique de la part de la contraire, qui ne vaut pas mieux.

Admettez-vous que les biens puissent être saisis? C'est dire que, par une différence de date, la valeur d'un consentement humain peut être changée du tout au tout et que la femme, en état d'intelligence et de liberté hier, a cessé de l'être aujourd'hui.

Admettez-vous que les biens soient insaisissables? C'est faire fi de toute foi jurée, en permettant à la femme d'être riche et insolvable tout à la fois, de soustraire sa fortune aux droits de ses créanciers, et de ne rester propriétaire qu'à l'effet de contracter de nouvelles dettes, sans continuer de l'être pour payer les anciennes.

Voilà ce qu'au fond chacune des deux théories reproche à l'autre, sans qu'aucune d'elles fasse son examen de conscience, de sorte que toutes deux sont invincibles dans leurs attaques et impuissantes à triompher définitivement. Ce qui fait leur force négative, c'est précisément le principe inadmissible du régime dotal, et, pour serrer de plus près la question, la nature de l'incapacité qu'il s'agit de réglementer. Nous avons bien d'autres cas où une personne change de condition civilement, acquiert ou perd sa capacité; pourquoi l'esprit est-il donc désorienté ici plus que là? c'est que partout ailleurs il n'y a rien de comparable à ce qui se passe ici. Il y a un changement de condition chez le mineur qui devient majeur, mais c'est la capacité qui succède à l'incapacité, et non l'inverse, comme dans notre matière; dès lors, il n'y a plus à se poser des questions de transition, étant naturel que la capacité ne rétroagisse pas sur ce qui a été fait auparavant, tandis qu'il n'y a rien d'impossible à admettre que l'incapacité revienne en arrière, et c'est là précisément le nœud de notre difficulté. On peut l'admettre, disons-nous, parce qu'il n'y a pas quelque chose de plus exorbitant dans ce fait d'une convention valable annulée *ex postfacto*, que dans le fait d'une femme qui se sent capable de se déclarer et de se rendre incapable : l'un vaut l'autre. En dépit de toutes les conventions juridiques, on n'empêchera pas que l'inaptitude de la femme à s'engager ne nous apparaisse comme la conséquence d'une inhabileté naturelle permanente et antérieure à se conduire, inhabileté qui n'est que consacrée et non produite... et de là à rescinder les obligations antérieures, il n'y a qu'un pas, quoique cependant, d'un autre côté, ces obligations eussent continué à paraître inattaquables à l'égard de tous, sans la survenance providentielle du notaire et de l'officier civil. Et ainsi nous sommes condamnés à osciller éternellement entre les deux théories de l'indisponibilité réelle et de l'incapacité personnelle, sans jamais pouvoir en sortir !

Ce que nous avons dit du mineur, nous le dirons de l'interdit. Sans doute il n'y a plus alors cette marche aussi simple, aussi normale du moins au plus, de l'infirmité à la validité que nous avons vue procéder sans obstacle. Mais si bien c'est l'inverse qui a lieu, et que ce cas de déchéance civile semble se rapprocher du nôtre, il y a au fond un intervalle immense entre eux, parce que l'interdit ne s'interdit pas lui-même et que, dès lors, son incapacité n'aura d'effet que celui voulu, déterminé par le tribunal, et qu'il n'y aura pas à se demander la portée du renoncement de l'interdit dans une procédure où rien n'émane de lui. Si le dément est muni d'un tuteur, c'est qu'il est démontré être retombé à telle heure dans l'état d'enfance, et la ligne de démarcation est dès lors très-simplement tracée entre les actes valables et les actes nuls ; ce n'est plus qu'une question de fait ; on le suppose, et avec raison, actif en deçà, passif au delà. Pour la femme, il n'y a de constaté que son *oui* sacramentel à la mairie et à l'étude : cela n'est pas suffisant pour apporter une radicale différence entre ce qui s'est fait hier et ce qui s'est fait aujourd'hui. Qui décidera jusqu'où va son renoncement et ce qu'il signifie dans une déchéance dont elle est la propre ouvrière? On lui a permis d'user de sa liberté pour l'enchaîner et jouer ce double rôle de sujette et d'égale : pourquoi n'admettrait-on pas ce rôle multiple dans l'acte antérieurement passé, et ne le rescinderait-on pas en y considérant la femme comme passive en même temps qu'active, de même qu'on la considère dans le contrat de mariage comme active en même temps que passive? Encore une fois et en résumé, la femme, devant le notaire, capable en apparence de consentir, puisqu'on l'interroge, mais qui en est virtuellement incapable, puisqu'on ne lui demandera plus son avis d'après le contrat même de mariage, n'est pas plus drôle que la femme contractant valablement et se réservant de se dégager au moyen de la dotalité : l'un semble bien devoir faire accepter l'autre... Et pourtant, c'est bien bizarre que ce panonceau du notaire servant de *Deus ex machinâ* pour résoudre l'embarras de la femme en la débarrassant de ses créanciers ; c'est un tour de passe-passe invraisemblable qui n'a d'égal — eh ! mon Dieu ! — que la mise en tutelle d'un être malgré l'épanouissement de ses facultés.

Bornons-nous là quant au régime dotal ; ce n'est pas que la matière manque, c'est la variété qui ferait défaut : pour qui a discerné sous les différentes questions que ce régime soulève le nœud du débat, elles deviennent toutes égales à ses yeux et une seule les vaut toutes.

Il nous faut aborder le régime légal de la communauté, qui, comme nous l'avons dit, est encore le cœur de la place.

Nous croira-t-on, quand nous affirmons que le régime dotal, comme complications et comme obscurités, n'est rien auprès?

Le régime dotal est, jusqu'à un certain point, logique — dans l'absurde. Par lui, la femme devient impuissante à s'obliger, sans qu'il y ait aucun remède à cette impuissance. *Sint ut sunt aut non sint*, pourrait-on dire des femmes mariées ainsi. C'est l'annihilation la plus absolue de la femme, qui ne peut rien seule et ne peut pas davantage avec tous les auxiliaires du monde qu'elle requerrait ou qui s'offriraient à elle; C'est brutal comme point de départ; mais une fois le point de départ admis (nous avons vu tout ce qu'on faisait pour y échapper), au moins le système tient-il debout. Il n'offre pas cette dérision que nous avons rencontrée dans le régime de communauté d'une femme déclarée incapable de renoncer à son hypothèque, par défiance contre le mari, et qui va demander au mari un brevet de capacité en recevant son autorisation pour un engagement d'où l'on induira une renonciation à cette même hypothèque. Il l'immobilise, mais n'en fait pas une machine : mieux vaut encore un soliveau qu'un pantin — pour rappeler un mot déjà employé et qui seul est de mise ici.

Examinons dans le détail à quoi aboutit la conception d'un administrateur tel que l'est le mari dans le régime légal de la communauté.

Nous posons en fait que le droit qu'a la femme sur les biens rentrant ou ne rentrant pas dans la masse commune, n'a jamais pu être défini d'une façon satisfaisante (ce qui ne nous étonne pas d'ailleurs), et nous mettons au défi le premier jurisconsulte venu de le faire. Les exigences de la pratique cependant ont dû soulever cette question ; comment traiter, vis-à-vis des tiers, la femme recourant contre son mari, soit quant à ses propres, soit quant à la part de communauté que la loi lui attribue après la dissolution? Cette question, pour le premier point de vue, se pose ainsi à l'école :

La femme a-t-elle une hypothèque légale sur les conquêts (1) *de communauté?*

Pour le deuxième point de vue :

Les reprises (2) *de la femme sur les biens de la communauté s'exercent-elles à titre de propriété ou seulement en vertu d'un droit de créance?*

Avertissons tout de suite, comme nous l'avons fait tout à l'heure, que nous n'entreprenons nullement de présenter, même par simple nomenclature, les raisons données de part et d'autre, et qui ont à nos yeux une égale valeur... Nous espérons voir bientôt reléguer ces controverses avec celles sur le sexe des anges ou sur la procession des trois personnes de la sainte Trinité, dont le moyen âge lui-même n'a plus voulu ; et, persistant à professer une horreur insurmontable pour les disputes de mots, nous irons droit au fond des choses pour en finir plus vite.

Voici l'antithèse insoluble à qui ne veut pas être dupe de la phraséologie habituelle qui perce dans la première question.

(1) Immeubles acquis à titre onéreux pendant le mariage et comme tels ne passant pas dans la classe des propres.

(2) Prélèvements opérés par elle sur la masse commune pour lui tenir lieu des propres que le mari ne rend pas en nature pour une raison ou pour une autre.

Admettre que la femme a une hypothèque sur les conquêts de communauté, c'est dire qu'elle n'était pas copropriétaire pendant le mariage de cette communauté, car il est radicalement impossible de concilier les deux qualités contradictoires de propriétaire et de créancier (le *créancier* seul a une *hypothèque*).

Et alors comment expliquer le partage en nature de la masse commune qui, aux termes de la loi, doit se faire entre les deux conjoints?

Admettre que la femme n'a pas cette hypothèque, c'est dire qu'elle est copropriétaire, puisque la garantie porte sur tous les biens du mari. Et comment alors expliquer que tous les droits (administration, aliénation, etc.), pendant le mariage, appartiennent à un seul des ayants droit?

La conclusion est qu'on ne sait et ne saura jamais ce qu'est la femme dans la communauté, qu'on est fort embarrassé pour la nommer et encore plus pour la traiter. Des jurisconsultes osés rient de ceux qui, cherchant à qualifier la femme, la prétendent *sociam fore* (1) tant que dure le mariage; et, en vérité, ils se pressent trop d'en rire : on pourrait leur rendre la pareille quand ils tentent de l'appeler *socia* (2). La première expression est inintelligible, mais la seconde est révoltante, c'est-à-dire un contre-sens au lieu d'un non-sens. Nous proposerions, nous, de l'appeler *héritière présomptive de sa propre succession :* ce serait aussi bon que ce qui a été dit, et cela aurait le mérite de la nouveauté!

Après cela, nous ne nous sentons pas le courage de traiter la seconde question annoncée, qui est aussi inextricable que la première, et d'imposer à nos lecteurs le supplice comme

(1) Avoir une expectative de situation d'associée (?).
(2) Associée actuellement.

l'injure de les traîner plus longtemps dans cet *ordre d'idées*. Ce serait flatter le goût de ceux qui aiment le pathos.

Finissons cependant par une question de principe, à laquelle le jurisconsulte le plus feuilleté de France consacre consciencieusement de nombreuses pages, et qui nous montrera une dernière fois que si le rôle de la femme est inqualifiable en logique, celui de l'homme, en compensation, l'est en morale ou en équité.

Nous avons déjà, à propos de la subrogation à l'hypothèque légale, au commencement de ce chapitre, dégagé l'opposition d'intérêts existant entre les deux époux, opposition qui consiste en ce que les garanties de l'un sont autant de gênes pour l'autre, dès lors porté à les anéantir. Ce conflit, qu'on a résolu alors, sans balancer, par le sacrifice de l'une des parties en cause, se rencontre ailleurs encore; et cette fois même il provoque un problème dont les termes, au moins, ont une généralité piquante. Il se formule ainsi :

Les époux peuvent-ils contracter ensemble?

Dès l'abord, au nom de cette opposition d'intérêts qui avait fait interdire (au moins nominalement) à la femme de se désarmer de ses privilèges dans quelque circonstance que ce fût — il semblerait que, pour les contrats à passer entre époux, il fallût poser une distinction, selon qu'ils mettent en conflit les intérêts des deux contractants (vente, par exemple), ou au contraire qu'ils les maintiennent solidaires (société).

Mais on s'aperçoit bientôt qu'avec notre organisation de la famille, qui donne brutalement la prépondérance au mari, les meilleures choses ne valent jamais rien. En effet, dans la société il y aura à craindre que le mari ne la forme pour accaparer l'apport de la femme (s'il lui reste des propres), par suite d'une administration impossible à contrôler. Si bien qu'un contrat, souvent utile et nécessaire même, et qui paraissait devoir concilier harmonieusement les forces, devient inadmissible, pour peu qu'on ne mette pas à zéro les intérêts de la femme.

A la vérité, la question paraît médiocrement pratique, si l'on songe que le mari ayant ordinairement ici et là de très-grands pouvoirs par le régime de communauté légale, est comme s'il était chef d'une société embrassant les biens des deux époux. Mais encore, à côté, y a-t-il le régime exclusif de communauté et le régime de séparation de biens, où les pouvoirs du mari sur ce qui ne lui appartient pas ne sont pas aussi grands (1)...

(1) Ils existent cependant partout. Le régime de séparation de biens, en effet (c'est ici, encore une fois, qu'il ne faut pas se fier aux mots), qui semblerait devoir réaliser l'indépendance de la femme en écartant toute immixtion du mari dans ses affaires, n'est rien moins que cela d'après notre Code — en progrès à rebours sur notre ancien droit, pour ce point. Contrairement à ce qui était admis avant 1789, dans ce bon vieux temps peu suspect de visées révolutionnaires, la femme séparée de biens, soit par convention matrimoniale, soit judiciairement, ne peut pas aliéner seule ses immeubles : elle doit demander l'autorisation à son mari, peut-être au dilapidateur dont elle vient de réprouver la gestion.

Le caractère mystique et comme hiératique de la puissance maritale se fait jour ici, car alors il est évident qu'elle n'a à peu près plus aucun de ses prétendus effets économiques, par suite de l'autonomie relative de la femme. On veut lui rendre un hommage platonique qui n'est plus pour la femme qu'une marque outrageante de son infériorité. Une chose à remarquer encore pour s'édifier sur la valeur du système le plus favorable à la liberté que les rédacteurs du Code aient pu imaginer, c'est que la capacité de la femme en résultant, n'a pas pu, ici plus qu'ailleurs, par un malheureux hasard, être déterminée avec précision par la jurisprudence, malgré tous ses efforts et toutes ses variations : de sorte que l'unité de direction dont on se prévaut tant pour arriver à assujettir la femme, et qu'on s'était résolu à abandonner cependant, devient ici une véritable *anarchie*.

De bonne foi, trouvera-t-on ce mot trop fort quand on se demande, quand les tribunaux, quand les tiers ont à se demander : *si la femme, en aliénant tout ce qui n'est pas immeuble, exerce ou bien outrepasse son*

La question que nous agitons peut donc se poser, et elle s'est posée, en effet, devant les tribunaux.

Nous avouons qu'en présence de la jurisprudence établie à propos de l'hypothèque légale (voir page 26), c'est faire la petite bouche que se montrer difficile ailleurs.

On se retrouve finalement en présence de la même situation que celle qui a été déjà exposée, et que son énonciation seule sert à faire juger. On se trouve en présence d'un mari qui se donne l'autorisation de valider un acte (quelqu'un qui se donne à lui-même sa propre autorisation !). Sans doute cela est étonnant; mais si étonnant que soit ce résultat, ou précisément à cause de cela, c'est encore celui qui a le plus de chance d'être admis. Car la conclusion ainsi est digne des prémisses. — La jurisprudence est ici une Babel, ce qui est aussi une manière de conclusion et une dernière épreuve de la loi.

droit? Car ce n'est rien autre chose que cela qu'on discute depuis soixante-dix ans :

Le mobilier de la femme est-il à sa disposition en tant que mobilier ou en tant que moyen d'administration et jusqu'à concurrence de ce qu'exigent les besoins de cette administration?

Pour ceux qui ne sont pas familiers avec le grimoire juridique, l'énoncé de la question paraîtra horripilant. Il est de fait que notre gothique distinction de meubles et d'immeubles aboutit ici à une formule invraisemblable à force de pédantisme. Mais nous jurons que nous n'inventons rien.

Le Code est donc fait de telle sorte, qu'avec son point de départ, qui est la supériorité originelle du mâle, on ne peut rien concéder à l'autre partie sans détraquer tous le système. Ébranlez cette base et l'édifice ne se tient pas debout. Il faut choisir, en un mot, entre l'abdication complète de la femme, ce qui est simple, et le chaos, ce qui est absurde.

L'absurdité de la dernière solution est peut-être ce qui l'a fait rejeter et a rendu assez rare le régime qui la comporte. Mais ce régime n'en existe pas moins, et plus que théoriquement dans certains pays; c'est pourquoi nous avons pu et dû en parler.

IV

Nous finirons comme nous avons commencé, c'est-à-dire en rappelant les divers projets d'amélioration du sort des femmes ou de régénération des mœurs.

Nous pensons que leur valeur, la valeur des résultats qu'ils pourraient produire, est d'ores et déjà appréciée.

On nous avait promis des mœurs plus pures et des enfants naturels moins nombreux, par l'interdiction de la recherche de la paternité. La loi a avorté. On le reconnaît, puisqu'on veut une autre loi.

On nous avait promis moins d'infanticides par l'établissement des tours. La loi a avorté, puisque l'administration la laisse tomber en désuétude, ne pouvant protéger les enfants exposés sans exciter à la débauche (1).

On nous avait promis une organisation de la famille où

(1) Pour ne pas toujours nous répéter dans une matière qui est constamment la même, nous renvoyons au rapport fait dernièrement à ce sujet sur un projet de loi, présenté au Sénat le 16 février 1878, proposant le rétablissement des tours, ou, plus simplement, la remise en vigueur de l'ancienne législation de 1810. Le rapport conclut à une enquête!

Rien n'égale donc le désarroi législatif, si ce n'est la naïveté de l'aveu qui le constate.

Si ce n'est plus le législateur qui se contredit, ou le juge qui viole la loi, comme ailleurs, c'est l'administrateur qui l'abroge sous prétexte de la modifier dans l'application. Mais législateur, administrateur, ou juge, ou juré, c'est toujours l'homme : et la matière *légiférable* et *justiciable* à merci, c'est toujours la femme, sur le dos de laquelle ses maîtres font leur *mea culpa*.

l'épouse serait garantie contre les abus du pouvoir de l'époux. Et la loi a avorté, puisque « l'hypothèque légale des femmes mariées est devenue dans la pratique une véritable abstraction... »

Nous arrêtons là notre énumération qui pourrait être longue.

A quoi bon dès lors des lois nouvelles, qui seraient de nouvelles banqueroutes ?

A quoi bon des promesses venant d'un législateur dont les mensonges ne se comptent plus ?

N'est-il pas évident que la faute en est non à la loi, mais à son auteur, et qu'on tourne dans un cercle vicieux, tant qu'on ne sortira pas des vieux errements?

Vous avez bonne intention : soit. Mais pourquoi vouloir s'obstiner à faire du bien aux gens malgré eux et sans eux ? Est-ce un bon moyen de gouvernement que de ne pas consulter les intéressés, et surtout est-ce une preuve qu'on les aime de faire abstraction de ce qu'ils pensent et de ce qu'ils disent? Savez-vous seulement où vous allez, alors que vous crevez un œil à l'humanité, en refusant le concours de la moitié de la nation?

Non ! toutes les promesses parties d'où l'on sait sont des leurres; tous les projets de réforme ainsi élaborés sont des chimères.

Nous avons fait sonner bien haut l'abolition du *privilège de masculinité*, sous prétexte que la fille succédait comme le fils. La belle avance ! La fille, devenue femme, mettait sa fortune entre les mains du mari, qui avec tous ses pouvoirs d'administrateur et autres la « ruinait », d'après l'aveu même des rédacteurs du Code Napoléon pour la loi qui les avait précédés, — la loi de brumaire an VII, — aveu que de nouveaux législateurs n'hésiteraient probablement pas plus à faire pour la loi actuelle (voyez page 25 ci-dessus). — L'homme, lui, n'avait pas à se plaindre à côté de cette femme héritière à qui nous enlevons les héritages au premier pas qu'elle essaie dans la vie, de sorte qu'elle est sans doute la dernière à se douter de l'honneur qui lui est fait depuis 1789. L'homme retrouvait comme époux ou gendre ce qu'il perdait comme fils : il ne valait peut-être pas la peine de tant exalter sa générosité. — Comme progrès, les mariages devenaient vénaux : on prenait la femme pour son argent, et la femme, sachant pourquoi on la recherchait, n'a pas dû tenter de plaire ou de valoir par autre chose. Il lui a fallu seulement obtenir sa dot de ses parents (dot qu'elle tenait de la loi dans d'autres pays, dans l'ancienne Rome par exemple, ou n'attendait de personne, comme en Amérique), nouvel élément de sujétion (1). — Que de choses dans ce beau mot : abolition du privilège de masculinité !

Ah ! le privilège, on n'y avait pas même touché !

Par ce seul exemple, n'est-il pas clair que notre organisation sociale à l'égard de la femme est une mêlée où l'on ne sait si l'on recule ou si l'on avance, où l'on ignore où l'on frappe et où l'on se blesse entre amis même ?

Qu'on taxe tout cela de déclamation ; soit !

Voyons donc où vos demi-mesures, vos tempéraments, vos correctifs vont nous mener. Voyons-les tous. Raisonnons pied à pied pour chaque hypothèse, et que la dernière épreuve soit faite — et avec elle la lumière.

Vous voulez que le père puisse être recherché par son enfant naturel. — Nous avons demandé qui appliquera la nouvelle loi : et nous resterons sur notre interrogation.

(1) Quand verra-t-on qu'il n'y a rien de plus dangereux que de prétendus progrès avec un point de départ faux, et qu'ils s'analysent le plus souvent en de nouvelles déchéances ou décadences? Comparez ce que nous avons dit, l'histoire à la main, à la note de la page 27, ci-dessus.

Mais quant à la séduction dont vous voulez empêcher les filles d'être victimes, en rendant le séducteur justiciable des tribunaux répressifs, nous poserons celle-ci : Ne sommes-nous pas tous des entremetteurs et des artisans de corruption, en les forçant de se jeter dans nos bras faute de moyens d'existence, puisque nous occupons toutes les professions bien rétribuées, au nom de la loi ou d'une instruction tant scientifique que professionnelle supérieure, et que, dans les rares carrières qui leur sont ouvertes et qu'elles encombrent par conséquent, leur salaire descend au-dessous de la moitié de celui des hommes d'après les statistiques officielles (1)? Et n'est-ce pas dérisoire de garantir la femme contre la séduction, en l'y poussant d'autre part irrésistiblement? — Il se peut cependant que nous ayons été mis en goût par notre tour d'escamotage législatif en matière successorale dont je parlais tout à l'heure, et que nous nous montrions encore ici généreux, sûrs de rattraper ce que nous aurions donné. Une société qui élève l'immoralité à la hauteur d'une institution, en la rendant nécessaire par le dénuement de la femme, peut bien brûler quelques grains d'encens à la vertu.

Vous voulez encore, à la place de la séparation de corps, le divorce. — Nous pourrions d'abord demander aussitôt : qui le prononcera si on l'admet? Mais à part ce détail, voilà bien encore une réforme de pure forme, autant que la controverse entre ses partisans et ses adversaires est insoluble. Il semble bien d'abord que la femme gagnerait à un retour à la législa-

(1) Nous nous réservons d'établir cela plus amplement, ailleurs, chiffres en mains. Les chiffres, du reste, ne nous apprennent que la vérité toute nue ; mais pour faire entrevoir seulement ce qu'elle a de douloureux dans chaque circonstance donnée, il faudrait des pages entières — ce qui sortirait de la donnée juridique de ce travail. — Que si l'on doutait du bien fondé de nos affirmations, on n'a qu'à regarder autour de soi, au-dessous, au-dessus, partout.

tion intermédiaire, car enfin pour celui qui s'engage le caractère temporaire de l'engagement, même seulement en perspective, est un soulagement, une ressource, de même qu'il est une menace pour le maître. Mais du moins faut-il que ce qui n'est plus une impasse en droit ne soit pas une impasse en fait. Mais s'il se trouve que la femme divorcée ne puisse se suffire aussi bien que l'homme ou qu'elle ne soit pas sortable au même degré que lui, à quoi sert la dissolubilité du lien qui l'enchaîne? à laquelle de ses aspirations répond le divorce? Or la femme ne cessera d'être peu sortable que quand, ayant eu l'égalité avec son mari, celui-ci n'aura pas laissé davantage d'empreinte sur elle qu'elle n'en laisse sur lui, — car ce qui rend sa position ce qu'elle est et ce qui fait le peu de ressources qu'elle trouverait dans le divorce, c'est que la femme se donne plus que le mari, par suite de nos mœurs qui la parquent dans la famille. — N'avons-nous pas en outre des dispositions du Code qui ne s'expliquent que par une défaveur spéciale pour le mariage des veuves ou seconds mariages (cessation du droit à une pension alimentaire pour une belle-mère qui se remarie, ce qui n'a pas lieu à l'égard du beau-père; tutelle légale enlevée à la mère qui se remarie)? C'est donc une réforme encore d'ensemble qu'il faudrait demander ici et non une substitution d'articles sans portée, ce dont ne s'aperçoivent pas les légistes à courte vue. — Faut-il rappeler ce qu'il y aurait d'inégal aussi dans la situation de deux époux divorcés à l'égard des enfants, puisque la femme, alors même qu'elle les garderait auprès d'elle, n'aurait pas du tout la même autorité sur eux (droit de correction bien moins rigoureux et demande de consentement au mariage réduit à une pure formalité)? — Même reproche, en résumé, à faire au divorce qu'à la séparation de corps : la femme ne se décidera pas facilement à le demander, par suite de la perspective qui l'attend ensuite, et se résignera aux plus dures situations comme à un pis-aller. Une loi qu'on présente comme une loi d'équilibre entre les sexes est ainsi viciée dans sa source. — Du reste, au moins faudrait-il, pour faciliter le *reclassement* de la femme, lui assurer la restitution de sa fortune — quand elle en a — qui est le plus souvent confiée au mari. Les Romains pour cela avaient trouvé le régime dotal. Mais qui oserait prôner ce secours dans notre société que la circulation de la richesse fait vivre et où son immobilisation n'est plus possible? qui même l'emploie (stipulation d'aliénabilité généralement usitée dans le régime dotal, alors même qu'on garde le mot)? De ce côté encore il faut une révolution dans l'économie des régimes matrimoniaux... Tout enfin est remis en question par la question du divorce, qui ne serait lui-même, à le bien prendre, que la conséquence d'un système de liberté et d'égalité générales, de même que l'indissolubilité du mariage est le couronnement d'un système d'inégalité et d'asservissement.

Autre question : faut-il rendre pour le mariage des enfants le consentement de la mère indispensable? — Beaucoup de gens le soutiennent, en bornant là leurs vœux; et le mépris où tombe l'autorité de la mère, quand elle n'a pas cette prérogative de pouvoir s'opposer à l'union qui séduit son fils ou sa fille, suffirait à justifier cette tendance de plus en plus marquée à réformer l'article 148 du Code civil. Cependant, comment ne pas s'apercevoir que donner un tel pouvoir à la femme, c'est mettre en échec la puissance maritale envers laquelle on continue à protester de son respect? Il est contradictoire que la femme ne pouvant rien pour elle et sur elle, puisse pour et sur ses enfants. Ce serait un exemple unique au monde d'une puissance qui ne s'appartient pas et ne relève pas d'elle-même, commandant dans des matières qui sont du ressort de celui auquel elle rend hommage. — Et cependant, cela est vrai, le progrès des mœurs fait considérer le monopole dû mari en ceci comme exorbitant. Que si nous voulons la fin, il faut vouloir les moyens. Du reste, le partage de pouvoirs exige que la femme soit aussi compétente que l'homme dans la question d'établissement, c'est-à-dire qu'un autre rôle lui soit accordé dans la société que celui qu'elle y a.

La prostitution, enfin, est encore une question où on se heurte à des impossibilités tant qu'on se borne à une réforme de détail. Plus de prostitution légale! s'écrie-t-on; et c'est la thèse que nous avons entendu soutenir au Congrès du Grand-Orient en août 1878. Cela revient à dire, les phrases mises à part : *N'enfermons pas les femmes qui vivent de la débauche. Permettons-leur de se refuser à ceux qui ne leur agréent point. Ne les obligeons pas à la visite.* — Y a-t-on bien songé, cependant? La prostitution légale n'est qu'une des faces de la situation faite à la femme un peu partout, une des mille applications du principe de son assujétissement. L'état sédentaire de ses victimes a la correction, la monotonie, *ce je ne sais quoi de renfermé* qui se retrouve ailleurs. Ses repaires rappellent lè gynécée où la femme doit rester confinée d'après beaucoup de gens — et pour la bonne raison qu'on ne lui laisse rien à faire dehors : ici elle est livrée aux caprices d'un individu (1), là à la lubricité de plusieurs.

L'obligation de recevoir qui frappe chez elles, qui rappelle le Parlement, Louis XIV botté et la cravache à la main, pèse à peu près aussi bien sur la jeune fille qui reçoit de ses parents le

(1) Voyez les derniers mots de l'article 213, et les premiers de l'art. 214 du Code — celui des honnêtes femmes.

fiancé qu'il lui faut (1) après plus ou moins de mauvaise grâce, qu'elle soit de bonne ou de mauvaise composition, par cette raison péremptoire qu'elle serait embarrassée le plus souvent de trouver mieux, ne pouvant indiquer ses préférences, et encore moins se faire aimer de celui qu'elle préfère. Cette passivité de la femme que nous constatons avec tout le monde ici, et qui n'est toujours qu'un côté de l'immobilité inerte à laquelle nous faisions allusion tout à l'heure, n'est pas le moins du monde propre aux circonstances qu'on invoque à grand fracas. Qu'elle soit plus écœurante pour les abstracteurs de quintessence, possible : pour l'observateur impartial elle

(1) Car c'est encore là une de ces mystifications solennelles qu'on n'a pas assez remarquées, que ce consentement formel de la fille exigé d'elle pour constater son indépendance à l'égard de toute influence étrangère. Le père ne peut pas répondre pour sa fille et encore moins l'engager dès son bas âge, comme on le faisait autrefois. Mais si la jeune fille n'est pas libre dans la société, au même titre que le jeune homme, sur quoi et à propos de quoi consent-elle? N'est-ce pas la carte forcée? — En sorte qu'on pourrait se demander si c'est vraiment un bien que les fiançailles aient été abolies, comme elles l'ont été de l'aveu de tous par le Code Napoléon.

Si l'on entend par là les promesses qui étaient l'œuvre des parents se substituant à leur lignée respective encore en l'enfance, oui, sans doute, il fallait les abolir; mais, au contraire, les promesses des jeunes gens entre eux, qu'ils échangaient de vive voix sous la seule impulsion de la nature et de leur cœur, c'était un élément en même temps qu'une preuve de liberté; et quand nous ne les permettons plus, il semble que nous soyons jaloux de voir une jeune fille faire acte d'être intelligent et responsable, dès que ce n'est plus en présence d'un monsieur en ceinture tricolore ou en soutane, et sous l'œil d'une loi civile qu'elle n'a point faite ou d'une loi religieuse qu'elle reçoit aussi de nos mains.

Singulière pudeur que la nôtre, en somme! Elle nous fait interdire à la vierge le commerce du monde et la cloîtrer pêle-mêle, du reste, avec les prostituées; mais sans nous empêcher de réduire cette vierge à être un objet de commerce par la nécessité de se vendre sous le coup d'une concurrence économique écrasante, d'un ostracisme intellectuel épuisant. Ainsi, nos conventions sociales, qui refusent à nos compagnes le développement intégral de leurs facultés en les confinant aux occupations serviles, seraient encore moins bêtes qu'elles ne sont machiavéliques.

n'est pas plus odieuse et ne blesse pas plus profondément l'autonomie de la personne humaine. Osons le dire, s'il y a comme un lit de Procuste dans l'amour vénal, la couche nuptiale elle-même en a les dimensions.

Enfin, la visite médicale! — Et d'abord la maladie vénérienne en elle-même n'a rien d'ignoble, puisqu'elle peut provenir même d'une seule relation : et quand elle proviendrait de plusieurs, l'homme qui se fait soigner par un autre homme ne pousse pas les grands cris pour cela comme on les jette à propos de la fille soumise. La communauté d'infortunes, ou au moins une égale chance de les subir, éteint bien vite toute honte, et le patient ne récriminerait guère contre l'homme de l'art qui viendrait spontanément lui donner ses soins. — Mais quand la différence de sexes s'en mêle, il y a là une horrible chose que nos habitudes seules peuvent nous faire admettre sans répugnance, et devant laquelle le médecin tout le premier devrait se récuser avec la pudeur... de la commisération à défaut d'autre. Vous qui ne voulez pas de femmes médecins, regardez donc ici, je vous prie : être livrée en pâture à la risée et aux manipulations de ce sexe dont le contact vous a souillée, n'est-ce pas se prostituer de nouveau, et la thérapeutique féminine ne prend-elle pas les proportions d'un attentat aux mœurs légalement organisé?

La prostitution, dans ses traits caractéristiques telle que nous l'avons, est le produit de nos mœurs : et pour atteindre en elle ce qui répugne, pour la corriger autant que l'imperfection humaine le comporte, il faut viser plus haut qu'elle.

Que ce soit là notre *delenda Carthago!*

PARIS — IMPRIMERIE MOTTEROZ
31, rue du Dragon.

www.ingramcontent.com/pod-product-compliance
Ingram Content Group UK Ltd.
Pitfield, Milton Keynes, MK11 3LW, UK
UKHW020443230726
13925UKWH00004B/1793